Eins – zwei – drei
schnelle Bastelei

Christina Pfeiffer

Eins – zwei – drei schnelle Bastelei

Mit Kindern schnell gebastelt

AUGUSTUS VERLAG

WINDSPIELE

STRANDSPIELE

TRENDSPIELE

FESTKALENDER

Windspiele

FALLSCHIRMSPRINGER

Schnell im Einsatz ist dieser hübsche Fallschirm. Mitfliegen darf jeder, der sich traut.

1 Knote an jede Ecke eines Taschentuchs oder einer Papierserviette ein 30 cm langes Garnstück an.

2 Ziehe die Fäden, wie in der *Grafik* dargestellt, gleich lang, und verknote sie am Ende.

3 An dieses Ende bindest du die Spielfigur an.

4 Wenn sich die Figur schwer befestigen läßt, umwickelst du sie mit einem Stück Biegesamt am Hals und hängst diesen in die verknoteten Fäden.

Die Fäden müssen gleich lang sein.

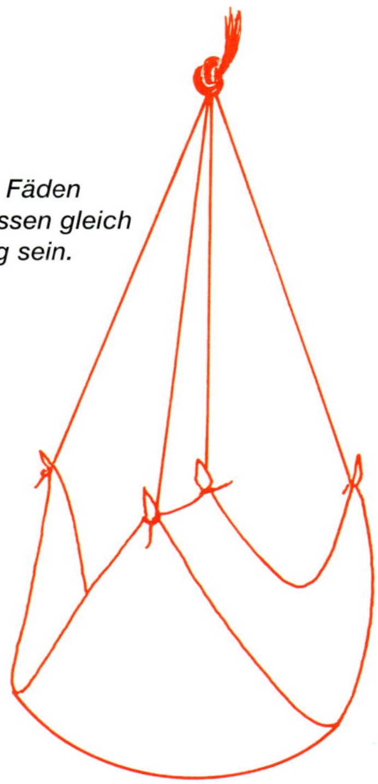

<u>Du brauchst:</u>
1 Spielfigur
kleines Taschentuch, Papierserviette oder leichter Seidenstoff, ca. 30 x 30 cm
Garn, 4 x 30 cm
Knetmasse oder einen halben Korken
evtl. Biegesamt
Lineal
Schere

SPIELIDEE

Schon mit ein paar Freunden kannst du einen spannenden Sprungwettbewerb veranstalten. Gewonnen hat derjenige, dessen Fallschirm am längsten in der Luft bleibt.
Hier bekommst du noch ein paar Tips zur Flugtechnik, damit mehr Abwechslung ins Spiel kommt:
Wenn du den Fallschirm ganz hoch hältst und ihn dann einfach losläßt, fällt er mehr oder weniger senkrecht herunter.
Du kannst den Fallschirm aber auch oben in der Mitte festhalten und ihn mit der Spielfigur zuerst hochwerfen. Durch den Luftwiderstand öffnet sich der Fallschirm und bremst den Flug deines Fallschirmspringers ab.
Auf diese Weise erreichst du, daß dein Fallschirm langsam zu Boden gleitet.
Fällt dein Fallschirm zu schnell herunter, kann es daran liegen, daß die Spielfigur zu schwer ist. Tausche sie dann durch ein Stück Knetmasse oder einen halben Korken aus.

SEGELFLIEGER

<u>Du brauchst:</u>
Papierbogen in
DIN A4 oder DIN A5
Büroklammern
Wasserfarben
farbige Müllbeutel
oder dünne
Plastiktüten
Klebstoff
Schere
Lineal

Diese buntverzierten Segelflieger sind nicht nur sehr leicht zu falten, sondern ziehen auch tolle Kreise.

1 Den Segelflieger kannst du, je nachdem wie groß dein Flugobjekt werden soll, in zwei verschiedenen Größen falten. Falte den Papierbogen nach den Skizzen, und achte dabei auf gerade Faltlinien. Mit kariertem Papier geht das Falten am Anfang leichter.

2 Lege das Blatt Papier quer, und falte es, wie in *Grafik 1* dargestellt, einmal in der Mitte. Öffne es, und falte die beiden oberen Ecken zur Mittellinie hin.

3 Miß, wie in *Grafik 2* dargestellt, von der Mittellinie ausgehend 2,5 cm für den Rumpf ab. Ziehe mit einem angelegten Lineal eine Bleistiftlinie als Faltmarkierung, und falte die Flügel nach außen.

4 Für die seitlichen Ränder mißt du, wie in *Grafik 3* dargestellt, 2 cm ab und klappst sie entlang der Faltlinie nach unten.

5 Zeichne, wie in *Grafik 4* dargestellt, die hinteren Klappen 4 cm von der mittleren Faltkante entfernt und 3,5 cm breit an. Dann kannst du die Klappen 1,5 cm tief einschneiden.

6 Aus der Plastikfolie schneidest du schmale Streifen und klebst sie hinten, wie in *Grafik 5* dargestellt, an jede Flügelseite an. An der Spitze sorgt eine Büroklammer für den entsprechenden Gewichtsausgleich.

7 Verziere dein Flugzeug mit schönen Mustern, und vergiß nicht, deinen Namen daraufzuschreiben.

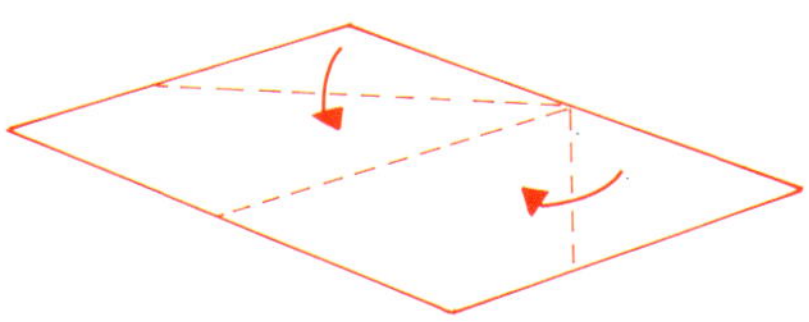

1 DIN-A4- oder DIN-A5-großes Blatt Papier falten

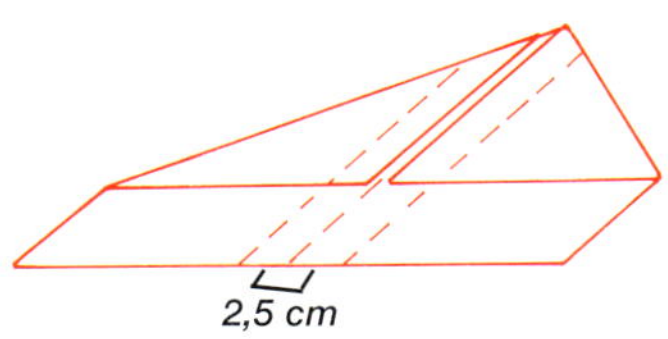

2 Für den Rumpf 2,5 cm

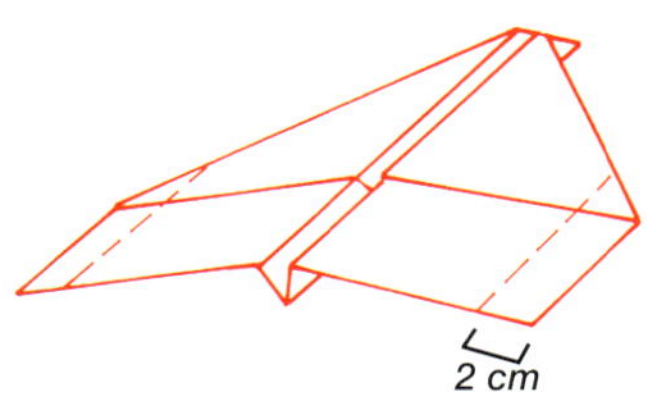

3 Für die seitlichen Ränder 2 cm

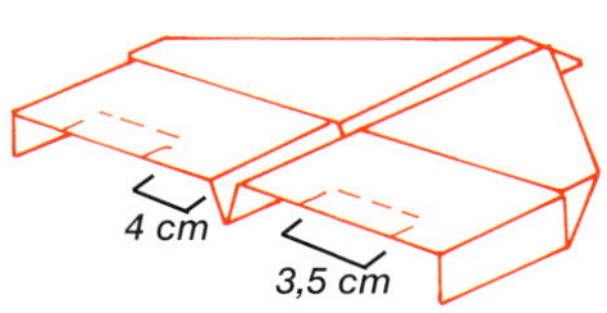

4 Für die hinteren Klappen 3,5 cm

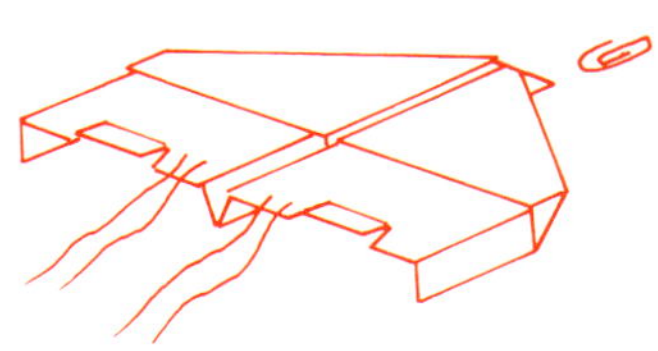

5 Büroklammer anstecken, Bänder ankleben

SPIELIDEE

Halte den Flieger unten in der Mitte fest, und strecke deinen Arm hoch. Wenn du ihn losläßt, segelt er in großen Kurven davon. Schon durch leichtes Biegen der seitlichen und der hinteren Klappen kannst du die Flugeigenschaften des Kurvenseglers verändern.

Kometen

Gleich einem Kometen saust der Ball durch die Luft und zieht einen Schweif aus bunten Bändern hinter sich her.

Bänderball

1 Schneide ein Stück Stoff von 25 x 25 cm zu. Für die Bänder brauchst du ca. 50 bis 80 cm lange Streifen aus Stoff, Folie oder Papier. Halte fünf bis zehn Bänder an einem Ende mit Klebestreifen zusammen.

2 Knülle zwei Zeitungsbögen zu einer Kugel, und stecke die Bänder dazwischen. Lege die Kugel mit den Bändern nach oben auf den Stoff. Halte das Tuch über der Kugel und den Bändern zusammen, und umwickle es mehrmals mit einer Schnur, die du dann verknotest.

Schleuderball

Für einen Schleuderball verwendest du etwas kürzere Bänder. Mit der Schnur knotest du eine Schlaufe.

SPIELIDEE

Wenn jeder deiner Freunde für die Bänder seines Balles eine andere Farbe verwendet, kannst du einen tollen Wettbewerb im Weitwerfen veranstalten. Ebenso können zwei Mannschaften gegeneinander antreten und sich den Ball über ein Seil zuwerfen. Für den Schleuderball brauchst du eine große freie Fläche. Nimm die Schlaufe in die Hand, und schleudere den Ball mit einer Drehbewegung von dir weg.

Du brauchst:
Stoffreste, Wischvlies oder Taschentuch, ca. 25 x 25 cm
Plastikfolie, Kreppapier oder Stoffstreifen
Zeitung
Schere
Klebeband
Schnur

Flugdrachen

Flieg, Drachen, flieg! Schon eine leichte Brise genügt, damit sich dein wunderschöner Drachen in die Lüfte erhebt.

<u>Du brauchst:</u>
Zeichenkarton,
Tonpapier oder leichte Tapete, maximal 50 x 50 cm
Holzleiste, 0,5 x 1 cm stark und ca. 50 cm lang
Klebstoff
Klebestreifen
farbige Müllbeutel oder Kreppapier
Schere
Lineal
Stopfnadel
Drachenschnur
Wachsmalkreide

1 Falte das Papier in der Mitte, und zeichne mit einem Lineal die Umrisse des Drachens auf. Dann schneidest du sie, wie in *Grafik 1* dargestellt, aus.

2 Damit der Drachen in der Länge stabil wird, mißt du von der Mitte des Drachens ausgehend für den größeren Drachen 2,5 cm und für den kleineren Drachen 2 cm ab. Markiere die abgemessene Linie, und falte die so entstandene Längsverstrebung zuerst nach vorn und dann nach hinten. Siehe dazu *Grafik 2*.

3 Öffne den Drachen, und klebe die Faltrille erst mit Klebstoff und dann mit Klebestreifen zusammen. Verwendest du leichtes Papier, fixierst du in der Faltrille einen Kartonstreifen. Somit knickt der Drachen nicht beim Flug. Siehe dazu *Grafik 3*.

4 Als Querverstrebung klebst du eine dünne Holzleiste auf der Rückseite des Drachens fest. Sichere diese Leiste, wie in *Grafik 4* dargestellt, mit Klebestreifen.

5 Ziehe mit einer Nadel eine 45 cm lange Drachenschnur durch die Längsverstrebung, und knote sie fest. Mit dieser Schnur balancierst du deinen Drachen wie eine Waage aus. Siehe dazu *Grafik 5*.

6 Wenn der Drachen mit der unteren Spitze nach unten hängt, hast du den Knotenpunkt für die Halterung gefunden. Knote dort eine Schlaufe an, und binde die Schnur fest.

7 Bemale deinen Drachen mit Wachsmalkreiden, oder beklebe ihn mit leichtem Papier. Für den Steuerschwanz befestigst du unten an der Spitze Müllbeutelstreifen, die viermal so lang wie der Drachen sein können.

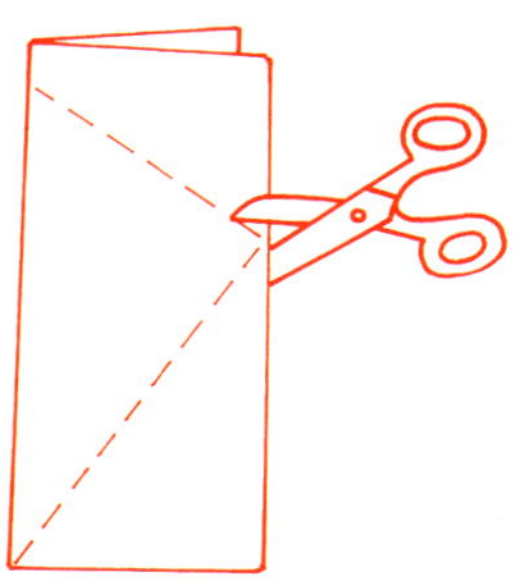

1 Falten und ausschneiden

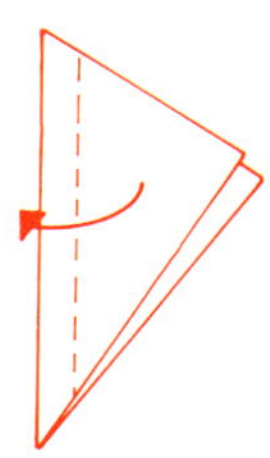

2 Längsverstrebung falten

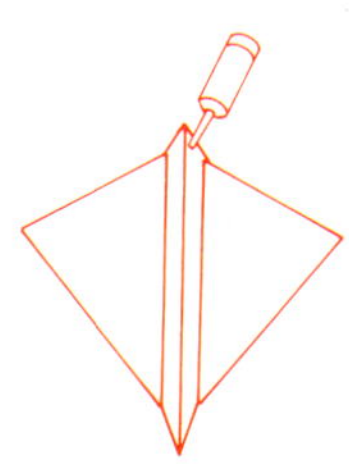

3 Faltrille zusammenkleben

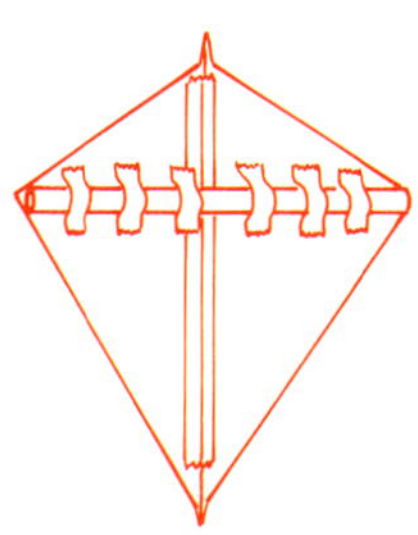

4 Querverstrebung befestigen

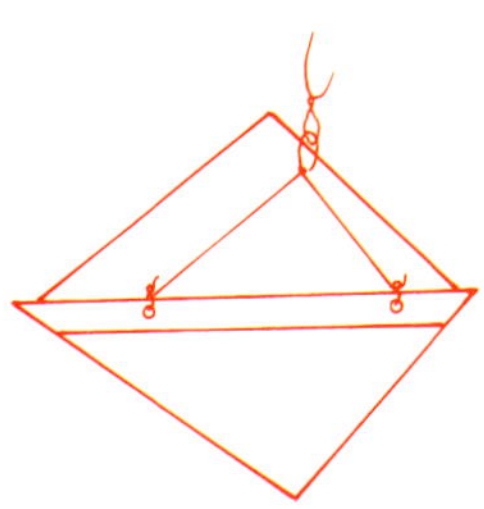

5 Knotenpunkt ausbalancieren

SPIELIDEE

Hier ist Geschicklichkeit gefragt: Wer seinen Drachen am längsten und am höchsten fliegen lassen kann, hat gewonnen.
Wenn dein Drachen nicht steigt, befestige die Schnur weiter oben. Zieht er nach einer Seite, kannst du ein Aststückchen ankleben und auf diese Weise das Gleichgewicht korrigieren. Falls der Drachen sehr unruhig fliegt, verlängere den Steuerschwanz.

BLUMENWINDRÄDER

Ob im Garten oder auf dem Balkon, diese Blumenräder drehen sich toll im Wind und halten jedem Wetter stand.

Du brauchst:
alte DIN-A4-Schnellhefter oder Ringbucheinlagen aus Kunststoff
Metall- oder Holzstäbe, ca. 0,5 cm Ø und 50 bis 80 cm lang
kleine Ringgummis
dünner Karton
Klebstoff
Schere
Butterbrotpapier
Bleistift
Lochzange oder Locher

Die Vorlagen für die Blumenwindräder findest du auf den Seiten 18 und 19.

1 Übertrage die Blütenteile und das Blatt von den Seiten 18 und 19 auf Butterbrotpapier, und klebe die Motive auf den Karton auf. Dann schneidest du sie aus. Bei den äußeren Blütenblättern kannst du die Form beliebig oft verändern.

2 Damit du das Innenteil aus der Schablone exakt herausschneiden kannst, stichst du mit der Schere in den Karton und schneidest ein Loch heraus.

3 Übertrage die Motive auf die Folien, und schneide sie aus. Dann lochst du die Folie an den markierten Stellen und knickst die vier Stecklaschen um.

4 Rolle einen Ringgummi auf den Stab, und stecke ein grünes Blatt auf. Befestige einen weiteren Gummi, und setze das nächste Blatt darauf. Genauso verfährst du mit der Blüte und der inneren Blütenscheibe. Schließe die Arbeit oben so mit einem Ringgummi ab, daß die Teile nicht mehr verrutschen können.

knicken

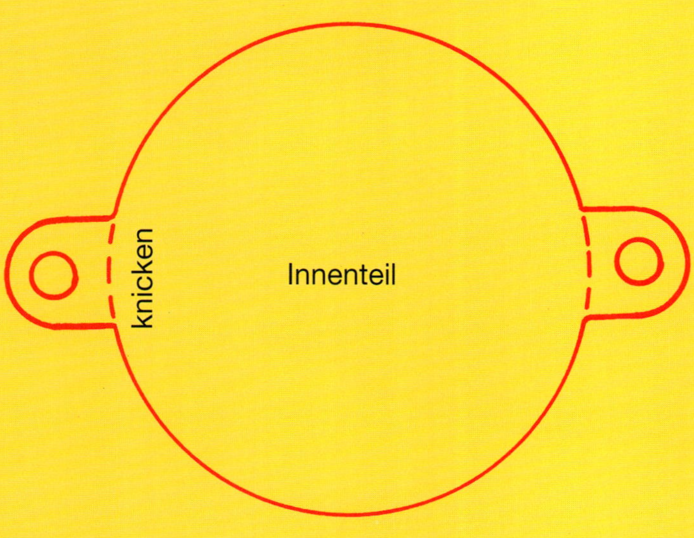
knicken
Innenteil

Blatt
Loch für
den Stab

Windspiele

<u>Du brauchst:</u>
Papprollen, z. B. Toilettenpapierrollen
Pappe
Strohhalme
lange Holzspieße
Bambusstäbe
Draht
Alufolie
Klebstoff
Klebestreifen
Schere
evtl. Lack- oder Folienstift

Auch wenn einmal kein Lüftchen geht – diese hübschen Windspiele sind ein Zierde für jeden Garten oder Balkon.

Welle

1 Für die große Welle brauchst du zwei Rollen, die du der Länge nach aufschneidest. Biege sie auseinander, und schneide eine Längsseite spitz zu. Siehe dazu die *Grafiken 1* und *2*.

2 Klebe die beiden Teile in der Mitte mit Klebestreifen so zusammen, daß jede Spitze in eine andere Richtung zeigt. Siehe dazu *Grafik 3*.

3 Damit die Welle bei Regen nicht aufweicht, wickelst du sie in Alufolie ein, die du mit Klebstoff fixierst. In der Mitte befestigst du, wie in *Grafik 4* dargestellt, einen Strohhalm mit Klebestreifen.

4 Klebe den Holzspieß in den Bambusstab, und stecke die Welle mit dem Strohhalm über den Spieß.

5 Aus den Rollenresten kannst du mehrere kleine Wellen herstellen, die du dann übereinandersteckst.

Wetterfisch

1 Schneide aus Pappe einen Fisch und für die Himmelsrichtungen vier kleine Dreiecke zu, und überziehe sie mit Alufolie. Die Dreiecke klebst du auf Holzspieße, die du mit Draht an den Stab festbindest.

2 Anschließend beschriftest du die vier Himmelsrichtungen mit einem Lack- oder einem Folienstift.

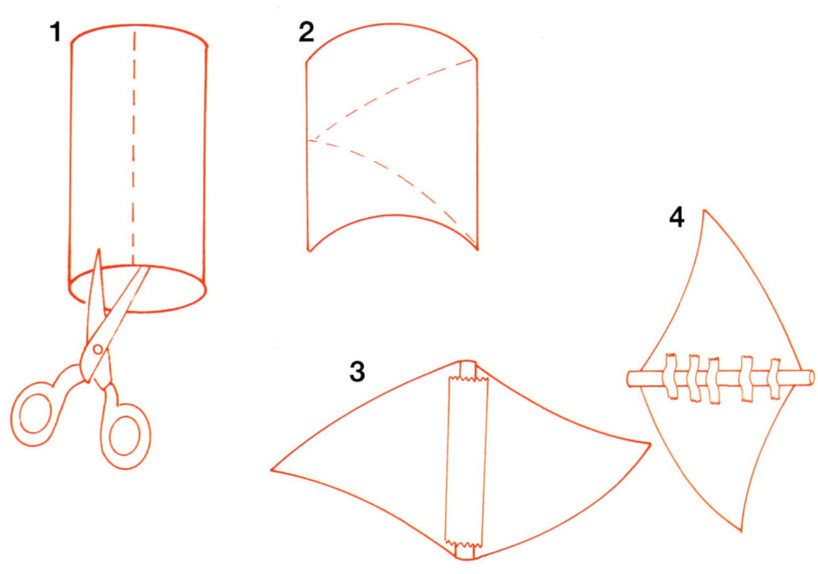

Luftballons

Wie ein Blitz schießt der Ballon davon. Am Ziel angekommen, muß der Ballon mit frischer Luft aufgetankt werden.

Luftballons

Du brauchst:
1 Knäuel dünne Schnur
bunte Luftballons
Strohhalme
Klebeband
evtl. Kreppbänder

1 Suche dir einen geeigneten Platz aus, an dem du eine 2 m lange Schnur spannen kannst. Im Zimmer bieten sich vielleicht der Fenster- und der Türgriff an, im Freien zwei nebeneinanderstehende Bäume.

2 Ziehe die Schnur durch den Strohhalm, und befestige sie an dem dafür vorgesehenen Ort.

3 Blase den Luftballon auf, und halte die Öffnung gut zu. Fixiere den Ballon mit zwei Klebestreifen unter dem Strohhalm.

4 Nun schiebst du den Ballon zum Schnuranfang und läßt ihn los. In dem Moment, in dem du die Luft entweichen läßt, saust der Luftballon zum anderen Ende der Schnur. Wenn du die Ballonöffnung mit einer Wäscheklammer abklemmst, entweicht die Luft langsamer, und dein Ballon verringert sein Tempo.

SPIELIDEE

An dem Strohhalm kannst du mit Kreppband eine leichte Spielfigur befestigen. Werden mehrere Schnüre gespannt, läßt sich ein Wettspiel veranstalten. Wichtig ist, daß alle Ballone die gleiche Startposition einnehmen und auf Kommando losgelassen werden. Wessen Ballon zuerst ins Ziel schießt, hat gewonnen.
Du kannst die Schnur auch in einer steilen Schräglage spannen und den Ballon, wie eine Bergbahn, von unten nach oben schicken. Sehr lustig sehen die Ballons aus, wenn du sie mit bunten Kreppbändern verzierst.

Strandspiele

Sandspiele

Für dieses Spiel brauchst du keine Spielfigur von zu Hause mitzunehmen. Am Strand gibt es genügend kleine Steine und Muscheln.

Sandspiele

Bemalte Steine

Säubere die Steine, und bemale sie mit einem Filzstift oder mit Wasserfarben. Wenn du mit einer Wachskerze über die bemalte Fläche streichst, erhältst du eine wasserabweisende Oberfläche.

SPIELIDEE

Schreibe beliebige Ziffern auf die Steine, und lege sie zu Zahlenspielen zusammen. Wenn du die Steine mit Buchstaben versiehst, kannst du Wörter oder Sätze bilden. Ein sehr schönes Mitbringsel ist ein mit dem Namen des Beschenkten verzierter Stein.

Vier gewinnt

Zuerst plazierst du die gesammelten Stöckchen gitterartig übereinander, so daß 16 Felder entstehen. Dann legst du für dich und deinen Spielpartner Muscheln und Steine bereit, die als Spielfiguren dienen.

SPIELIDEE

Abwechselnd versucht nun jeder seine Spielfiguren so in die Felder zu setzen, daß eine waagrechte, senkrechte oder eine diagonale Reihe entsteht. Wem es gelingt, mit vier seiner Muscheln oder Steine eine Reihe zu legen, hat gewonnen. Besonders trickreich verhältst du dich, wenn du deinem Gegner den Weg abschneidest. Dabei solltest du deine Figuren nicht aus den Augen verlieren.
Du kannst auch verschiedene Brettspiele, wie Dame oder Mühle, in den Sand zeichnen und mit den Spielfiguren nachspielen.

<u>Du brauchst:</u>
Vier gewinnt:
8 längere Stöckchen
Muscheln
Steine

bemalte Steine:
Filzstift oder
Wasserfarben
Kerze

Urlaubspuzzle

Dieses Puzzle ist in Null Komma nichts fertiggestellt und in der praktisch gefalteten Tasche bestens untergebracht.

Puzzle

Schneide die Karte in wellenartige Streifen, die du dann in kleine Stücke unterteilst. Du kannst auch vorab auf der Rückseite der Karte quer und längs wellenartige Linien zeichnen.

1 Ein Dreieck falten

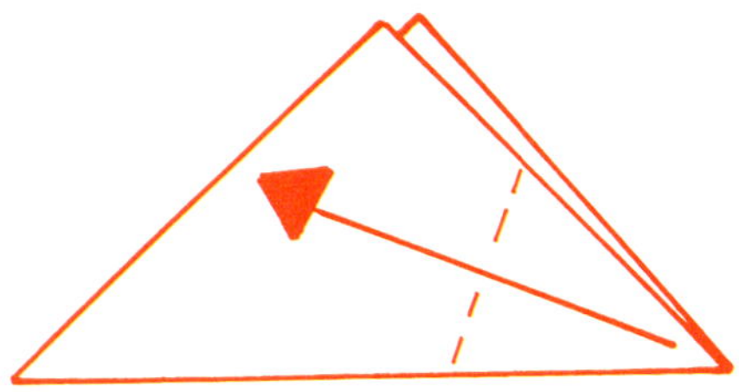

2 Seitliche Spitze quer zur oberen legen

Puzzletasche

1 Da Servietten quadratisch sind, kannst du daraus leicht eine Tasche falten. Verwendest du Papier, dann schneidest du ein Quadrat in Serviettengröße aus.

2 Falte, wie in den *Grafiken 1* bis *5* dargestellt, eine Tasche. Lege die Puzzleteile hinein, und verschließe die Tasche mit einem Band.

SPIELIDEE

Puzzleprofis zerschneiden zwei oder mehrere Karten und mischen die Teile, bevor sie die einzelnen Karten zusammensetzen. Natürlich läßt sich auch aus Fotos, selbstgemalten Bildern, Briefen oder Texten ein Puzzle anfertigen. Wenn dir ein Foto aus einem Prospekt oder einer Zeitschrift besonders gut gefällt, klebe es auf einen Karton, und schneide daraus ein Puzzle.

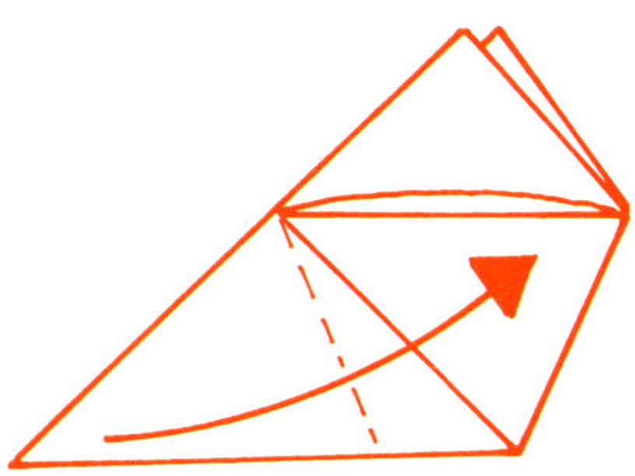

3 Gegenüberliegende Spitze zur neuentstandenen Spitze falten

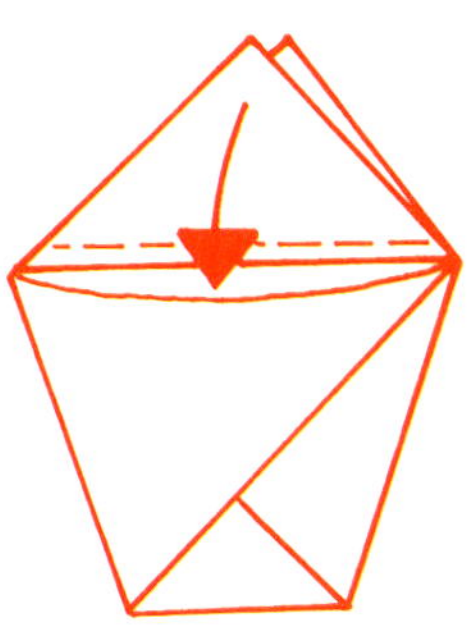

4 Vordere Spitze in den vorderen Schlitz stecken

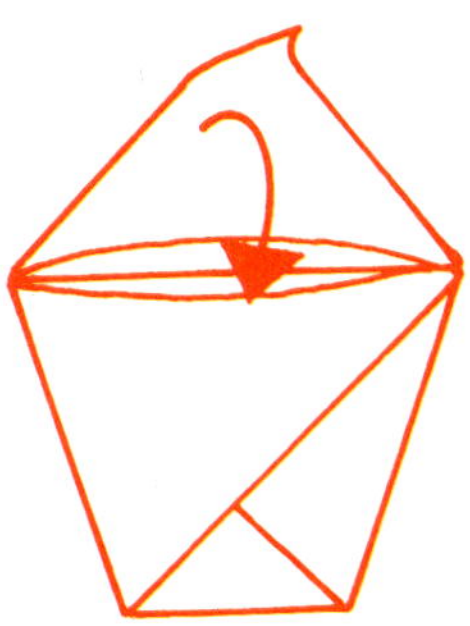

5 Die hintere Spitze in den vorderen Schlitz schieben

Du brauchst:
Puzzle:
Ansichtskarten oder Fotos
Schere
evtl. Karton

Puzzletasche:
Serviette oder 1 Blatt Papier
Band oder Ringgummi

BUNDESR
Bad Schussenried

Segelschiffe

<u>Du brauchst:</u>
Taschenmesser
Handbohrer
Klebstoff
Wickeldraht
Holzspieße
Stifte
Schere
dünne Schnur
Zahnstocher

Katamaran:
2 Holzleisten,
ca. 30 x 5 x 2 cm
3 Holzleisten,
ca. 20 x 2 x 2 cm lang
Rute, 30 bis 35 cm lang
6 Nägel, ca. 4 cm lang

Segelschiff:
Brett
25 cm lange Rute
3 bis 4 lange Nägel

Ein kleines Brett und ein paar Lattenreste genügen, um ein flottes Segelschiff oder einen schnellen Katamaran herzustellen.

Katamaran

1 Lege eine kurze Leiste mittig auf die beiden langen, und nagle sie fest. Vorn und hinten befestigst du zwei weitere Leisten.

2 Für den Mast bohrst du ein Loch in die mittlere Leiste. Spitze eine Rute an, stecke sie hinein, und klebe sie fest.

3 Schneide das Segel, wie in *Grafik 1* dargestellt, aus Stoff oder Papier zu. Es sollte etwas kürzer als der Mast sein. Bevor du das Segel aufsteckst oder mit Draht am Mast befestigst, siehe dazu die *Grafiken 2* und *3*, kannst du es entsprechend verzieren. Um das Boot am Steg festzumachen, knotest du eine Schnur an die vordere Leiste an.

Segelschiff

1 Für den Mast bohrst du in die Mitte des Bretts eine Vertiefung.

2 Damit das Boot nicht kentert, schlägst du auf die Unterseite des Bretts ungefähr in die Mitte drei bis vier Nägel.

3 Stecke den zugespitzten Zweig als Mast auf, und klebe ihn fest. Das Segel wird wie beim Katamaran befestigt.

4 Für die Bootsfahne bohrst du vorn oder hinten ein Loch. Schneide ein kleines Dreieck aus Stoff oder Papier zu, und stecke es auf den Zahnstocher. Diesen befestigst du mit etwas Klebstoff in dem Loch.

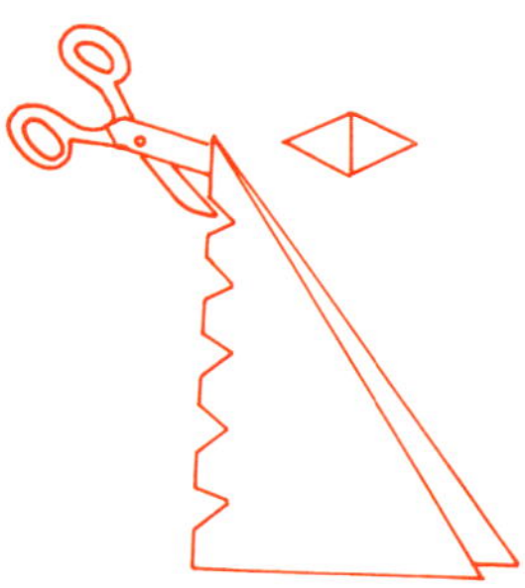

1 Papiersegel einschneiden

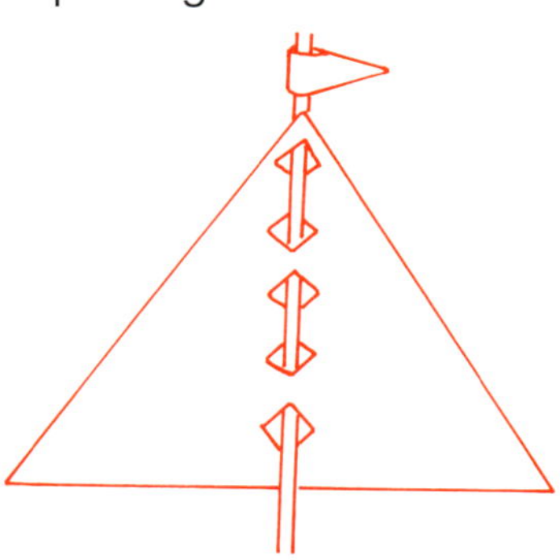

2 Papiersegel aufstecken

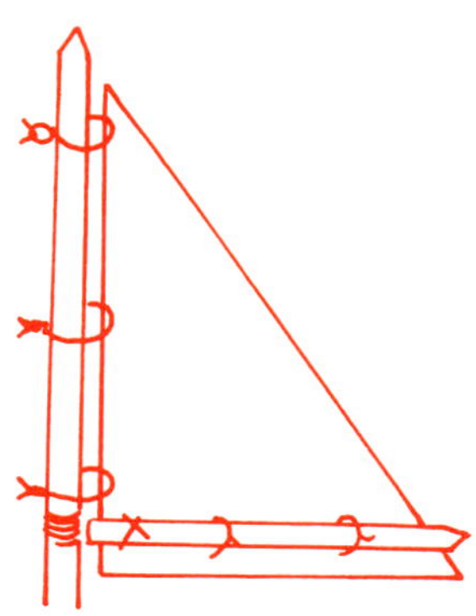

3 Stoffsegel mit Draht anbinden

Foxi

Indiaca

Indiaca ist ein super Flugballspiel, das vor langer Zeit von den Ureinwohnern Südamerikas erfunden wurde.

1 Zeichne mit Hilfe eines Tellers einen Kreis auf den Stoff oder das Vlies, und schneide diesen aus.

2 Auf den Kreis legst du reichlich Watte, so daß ein fester Ball entsteht. Nimm nun einen kleinen Stein oder zwei Münzen, packe sie fest in Watte ein, und lege sie ebenfalls auf den Watteball.

SPIELIDEE

Das Indiaca wird mit der flachen Hand über ein Netz geschlagen. Da die Handfläche den Tennisschläger ersetzt, wird das Spiel auch Handtennis genannt. Werfe das Indiaca deinem Partner, wie in der *Grafik* dargestellt, durch einen Aufschlag zu. Dein Mitspieler schmettert den Ball zurück. Indiaca läßt sich zu zweit, aber auch in einer Mannschaft, ähnlich wie Volleyball, spielen. Berührt der Ball den Boden oder überfliegt er das Netz nicht, wird dem Gegner ein Gutpunkt angerechnet.

3 Faß den Stoff am Rand zusammen. Dann steckst du drei Federn in die Mitte und verknotest den Ball mit einer Schnur.

4 Wenn dein Indiaca nicht gut fliegt, kannst du sein Gewicht verändern, indem du weitere Münzen oder kleine Steine dazugibst.

Aufschlag

Schmetterschlag

__Du brauchst:__
dünnes Küchenvlies oder Stoffreste
Teller
Bleistift
Schere
Watte (wenn möglich, Füllwatte)
kleine Steine oder Münzen
Schnur
lange Federn

Wasserschloß

Du brauchst:
Wasserschloß:
Sperrholzbrettchen
oder altes Tablett
dünne Schnur
2 Plastikflaschen
mit Verschluß
große Papprolle
Toilettenpapierrollen
Schuhkarton
Tonpapierbogen
oder festes
Geschenkpapier
evtl. Perlen
Zahnstocher
Farben
Klebstoff
Cuttermesser

Wasserburg:
Styroporplatte
Verpackungsmaterial
aus Pappe, Eierkarton
oder Styropor
evtl. Knetmasse oder
Leuchtknete

Wenn das Schloß wie eine Insel im Wasser schwimmt, wird es zu einer uneinnehmbaren Festung.

Wasserschloß

1 Lege das Sperrholzbrett auf die leeren Plastikflaschen, und markiere die Bohrlöcher. Bohre nun vier Löcher in das Brett, und fädle eine Schnur durch. Siehe dazu *Grafik 1*. Dann bindest du die Flaschen fest.

2 Stelle die ausgewählten Schachteln und Rollen probeweise zu einem Schloß zusammen. Umwickle den Karton und die Rollen, wie in *Grafik 2* dargestellt, mit Tonpapier.

3 Schneide das Papier ca. 4 cm länger zu, und beklebe alle Teile so mit dem Tonpapierstreifen, daß er oben ein Stück übersteht. In den überstehenden Streifen schneidest du die Zinnen ein. Jede zweite Zinne wird nach innen gebogen und festgeklebt. Siehe dazu die *Grafiken 3* und *4.*

4 Male die Türen und die Fenster auf, oder schneide sie mit einem Cuttermesser ein. Beim Schneiden kann dir ein Erwachsener helfen. Verziere dein Schloß mit Fähnchen, aufgeklebten Perlen, Stoffen oder bunter Folie.

5 Zum Schluß klebst du alle Teile mittig auf das Brett und bringst das fertige Schloß zu einem Teich. Damit dein Schloß nicht wegschwimmen kann, bindest du es mit einer Schnur am Ufer fest.

Wasserburg

1 Frage in Computer- oder Elektroläden nach Verpackungsteilen aus Pappe, die dir für deine Burg geeignet scheinen.

2 Bemale die Burg so, wie sie dir am besten gefällt. Mit Blättern und Moos verwandelst du sie in eine geheimnisvolle Ruine. Deine eigenen Burgfahnen kannst du aus Tonpapier und Zahnstochern gestalten.

3 Damit die Burg im Wasser treibt, stellst du sie auf eine Styroporplatte. Wenn du kein Styropor verwenden möchtest, kannst du sie wie beim Schloß auf Flaschen stellen.

4 Jetzt ist die Burg bereit für den Einzug deiner Spielfiguren. Für eine Gespensterfestung formst du Gespenster aus Leuchtknete.

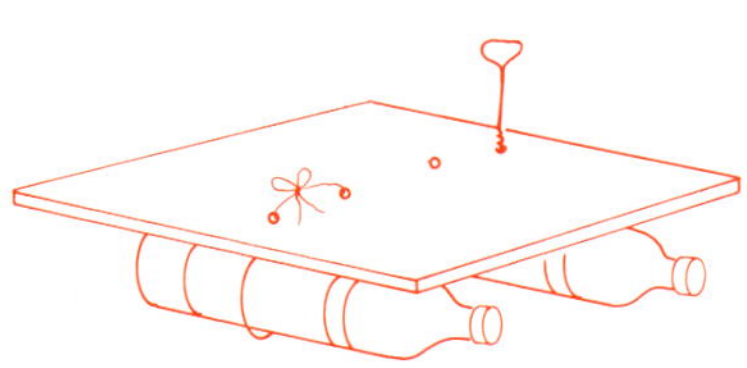

1 In das Sperrholzbrett vier Löcher bohren, und die Flaschen festbinden

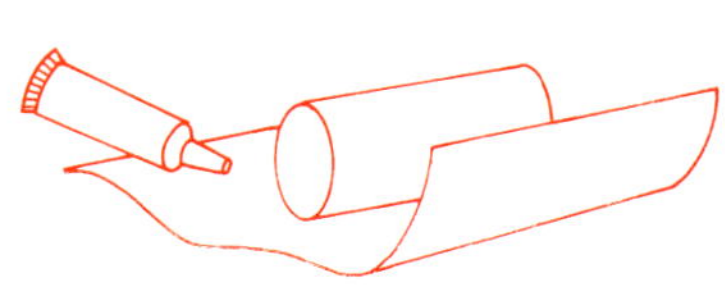

2 Rollen umkleben

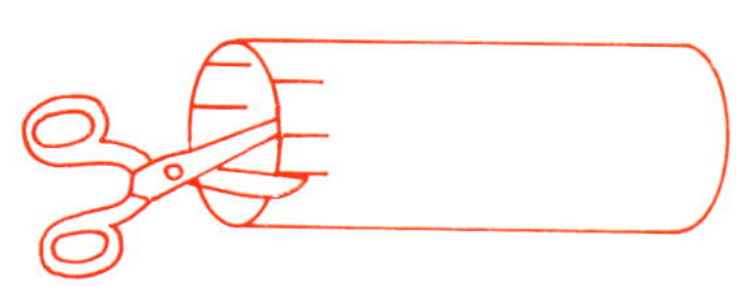

3 Zinnen einschneiden

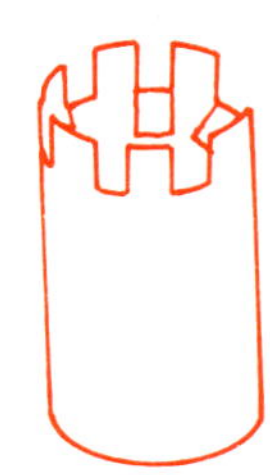

4 Jede zweite Zinne nach innen biegen und festkleben

Strandgut

Ein schönes Glas ist der ideale Aufbewahrungsort für einzigartige Fundstücke aus dem Sommerurlaub.

Unterwasserwelt

1 Forme eine große Kugel aus Knetmasse, und drücke sie auf der Innenseite des Deckels fest.

2 Setze das Strandgut tief in die Knetmasse hinein. Die großen Fundstücke drapierst du in der hinteren Deckelhälfte, die kleinen in der vorderen. Zwischendurch probierst du, ob deine Unterwasserwelt noch durch die Glasöffnung paßt. Zum Schluß streichst du die Knetmasse an den Muscheln und den Steinen fest.

3 Die kleinen Fische fertigst du aus einer Plastikmappe oder aus Moosgummi an. Stich unten in den Fisch ein Loch, und befestige dort einen ca. 10 cm langen Draht. Mit diesem steckst du den Fisch in die Knetmasse.

4 Gib einen halben Teelöffel Glitzerstaub oder Flitter mit drei Tropfen Spülmittel in das Glas, und fülle es bis knapp unter den Rand mit destilliertem Wasser auf. Schraube den Deckel fest auf das Glas.

Schatzglas

Wie ein versunkener Schatz sehen die in einem Glas eingeschlossenen Münzen, Murmeln, Muscheln und der Sand aus. Damit nichts verrutscht, solltest du hier auf das Wasser verzichten. Du kannst auch eine Ansichtskarte hineingeben.

<u>Du brauchst:</u>
Strandgut, z. B. Muscheln, Steine
Murmeln
Perlen
Münzen
Knetmasse
Gläser mit festem Schraubverschluß
destilliertes Wasser
Glitzerstaub oder Flitter im Glas
Spülmittel

Fische:
Rest von einer Plastikmappe oder ein Stück Moosgummi
Draht

Ringspiele

Mit diesen bunten Ringen können Meisterschaften im geschickten Werfen oder Fangen ausgetragen werden.

Ringspiele

1 Biege eine etwa 1 m lange Rute vorsichtig zu einem Bogen. Verschlinge die Enden der Ruten so miteinander, daß ein Ring entsteht.

2 Während dir jemand den Ring zusammenhält, drückst du ihn noch etwas in Form. Die Enden bindest du mit einer Schnur zusammen. Wickle die Schnur dazu mehrmals um die Enden der Rute, und verknote sie.

3 Umwickle jeden Ring mit Krepppapier- oder Stoffstreifen, die du mit Klebestreifen fixierst. Auf diese Weise verhinderst du ein Verrutschen der Verzierung.

4 Die Zielstöcke kannst du ebenfalls mit einigen bunten Bändern schmücken. Dazu wickelst du ein Band schräg um den Stock. Anfang und Ende des Bandes fixierst du jeweils mit einem Klebestreifen.

SPIELIDEE

Stecke die Stöcke in unterschiedlicher Entfernung in die Wiese. Jeder Spieler erhält einen Ring. Stelle dich leicht schräg zu den Stöcken, und versuche den Ring darüberzuwerfen. Jeder Treffer bedeutet einen Gewinnpunkt. Du kannst die Ringe auch an einem Ast aufhängen und Kiefernzapfen oder Bälle hindurchwerfen. Wie du einen Spielball anfertigst, steht auf den Seiten 12 und 13.
Viel Spaß bereitet es auch, mit den Ringen zu jonglieren. Beginne zunächst mit zwei Ringen, die du abwechselnd in die Luft wirfst. Wenn du dich sicher fühlst, nimm einen weiteren Ring dazu.

Du brauchst:
1,40 m lange Ruten von Weiden oder ähnlich biegsamen Sträuchern
Gartenschere
Schnur
Kreppapier- oder Stoffstreifen
Klebeband
3 oder 4 Holzstöcke, ca. 1 m lang

Blätterschiffchen

<u>*Du brauchst:*</u>
feste Blätter
Knetmasse

Schon zwei Blätter und etwas Knetmasse genügen, um mit einem herrlichen Schiff aus Blättern in See zu stechen.

1 Suche ein herabgefallenes, möglichst festes Blatt, das sich für den Unterbau deines Schiffes eignet. Als Segel verwendest du ein hübsches Blatt in einer Kontrastfarbe. Besonders schön leuchten gelbe Blätter in der Sonne.

2 Das Blattsegel befestigst du mit einer kleinen Kugel aus Knetmasse in der Mitte des Schiffchens. Drücke die Knete dazu fest an das eingesteckte Blattende oder den Stiel. Eventuell kann ein Kaugummi die Knetmasse ersetzen.

3 Auf ein besonders großes Blatt passen auch mehrere Segel. Anstelle eines Blatts kannst du dein Schiff auch mit einer schönen Vogelfeder ausstatten.

SPIELIDEE

Setze gemeinsam mit Freunden mehrere Schiffchen gleichzeitig an eine Startlinie in ein leicht fließendes Gewässer. Der Segler, der am weitesten abtreibt und am längsten über Wasser bleibt, hat die Regatta gewonnen.

Blätterschiffchen

Trendspiele

Kullerspiele

Schnell vergeht die Zeit mit diesen kniffIig gestalteten, bunten Schachtelspielen. Sie sind so klein, daß sie in jede Tasche passen.

1 Wähle einen geeigneten Deckel als Untergrund für dein Spiel aus, und schneide die Spielfläche nach dieser Form aus einem Bierdeckel zu.

2 Beklebe den Bierdeckel mit einem farblich passenden Papier. Zeichne lustige Figuren, Schmetterlinge, Käfer oder Bäume auf den Untergrund. Deiner Phantasie sind dabei keine Grenzen gesetzt.

3 Stanze mit der Lochzange oder am äußeren Rand mit dem Locher vier bis acht Löcher – je nach Schwierigkeitsgrad – in die Spielfläche. Das können Punkte und Augen für einen Käfer, Kirschen am Baum oder Muster für einen Schmetterling sein. Dann malst du die Zeichnung entweder mit Wasserfarben oder mit Buntstiften aus.

4 Plaziere dein Spielfeld auf der Innenseite des Deckels, und klebe es fest. Sollte die Spielfläche etwas zu groß sein, schneide den Rand entsprechend der Deckelgröße zu. Achte beim Befestigen des Spielfeldes darauf, daß kein Klebstoff in die ausgestanzten Löcher dringt.

5 Lege so viele Perlen hinein, wie du Löcher gestanzt hast. Wenn die Perlen gut kullern und in den Löchern halten, kannst du den Deckel der Schachtel mit einer starken Folie verschließen.

6 Je nach Größe des Untergrunds eignet sich als Abdeckung auch der Deckel einer Frischkäseschachtel. Schneide die Folie dazu in Deckelgröße zu, und klebe sie mit Klebestreifen am Rand fest.

<u>Du brauchst:</u>
Deckel von Gläsern oder Käseschachteln
Tonpapierreste
Bierdeckel
Lochzange oder Locher
Klebstoff
Schere
Farben
Bleistift
Klebestreifen
Perlen, 4 bis 8 mm Ø
feste Klarsichtfolie

SPIELIDEE

Wenn du das Spiel so beherrschst, daß deine Kugeln im Nu in die Löcher rollen, dann kannst du noch zusätzliche Schwierigkeitsstufen einbauen:
Findest du keinen Mitspieler, so setze dir mit der Uhr ein Limit. Verwende verschiedenfarbige Perlen, die in bestimmte Löcher kullern müssen, oder klebe Mauern aus Tonpapierstreifen ein. In jede Mauer wird ein kleines Tor geschnitten. Durch diese Öffnungen müssen deine Kugeln zuerst rollen, bevor sie in den entsprechenden Löchern landen dürfen.

Fingerpuppentheater

Allzeit bereit ist die kleine Theatertruppe. Die lustigen Figuren laden zu phantastischen Abenteuern ein.

Du brauchst:
Butterbrotpapier
Tonpapier
Klebstoff
Filz- oder Buntstifte
weißer Stift
Bleistift
Schere
Flaumfeder

Die Vorlagen für die Fingerpuppen findest du auf den Seiten 48 und 49.

1 Übertrage das gewünschte Motiv von den Seiten 48 und 49 auf Butterbrotpapier. Lege die Zeichnung mit den Bleistiftlinien nach unten auf das Tonpapier, und drücke sowohl die Linien als auch das Gesicht mit einem Bleistift durch.

2 Schneide die Figur entlang den äußeren Linien aus. Auf dunklem Tonpapier zeichnest du die Augen mit einem weißen Stift vor. Mit Filz- oder Buntstiften malst du dann das Gesicht fertig.

3 Biege den unteren Papierstreifen leicht nach hinten, und klebe die Enden so zusammen, daß die Spielfigur gut auf deinem Finger sitzt.

SPIELIDEE

Die Motive sind in verschiedenen Größen abgebildet, so daß du dir eine prima Theatertruppe oder eine Zirkusfamilie zusammenstellen kannst. Erzähle oder erfinde mit den Figuren eine Geschichte, und spiele sie Freunden vor. Als Theaterbühne eignet sich ein aufgeschnittener Schuhkarton. Für die Zirkusarena legst du Bauklötzchen in einen Kreis. Die Tribünen gestaltest du ebenfalls mit Klötzchen.

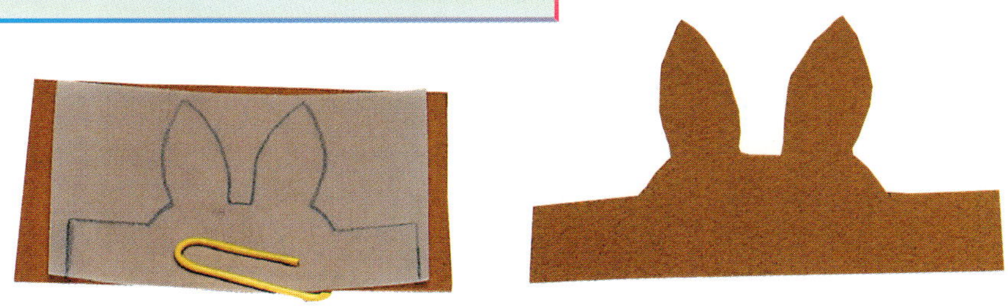

Katzen

Pandabären

Hase

Igel

Würfelkreisel

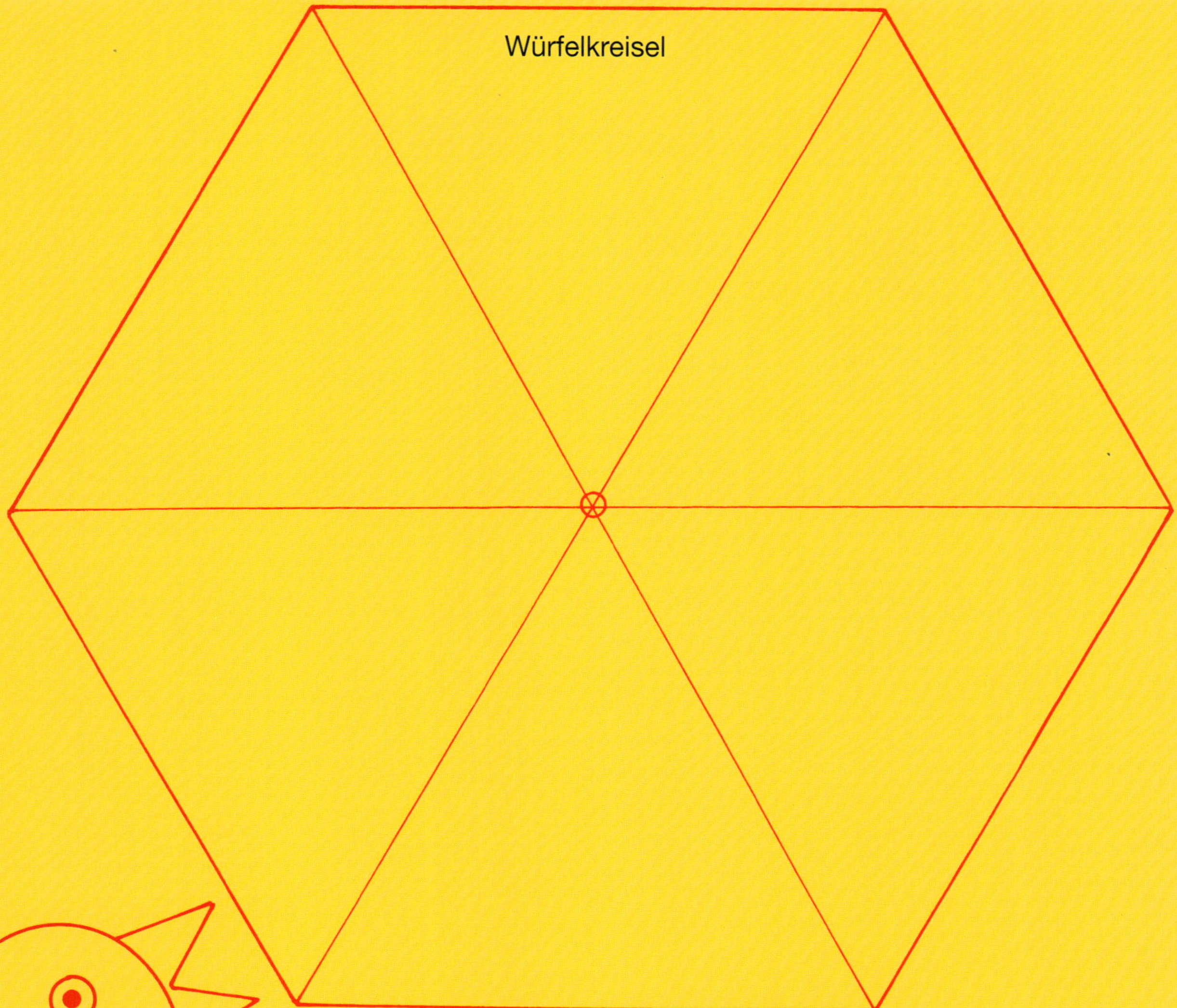

Kleiner Rabe oder Küken

Maus

Große Raben oder andere Vögel

Kreisel

Je knalliger die Farben sind, desto prächtiger ist das Farbenspiel des sich drehenden Kreisels.

Kreisel

1 Zeichne mit dem Bierdeckel auf das doppelt gefaltete Schreibpapier einen Kreis. Beim Ausschneiden erhältst du zwei Kreise.

2 Falte einen Papierkreis zweimal zur Hälfte. Dort, wo sich die beiden Faltlinien kreuzen, befindet sich die Mitte. Lege diese Vorlage sowohl auf den Bierdeckel als auch auf den Papierkreis, und drücke die Markierung für den Mittelpunkt durch.

3 Stich den Bleistift durch die Mitte des Bierdeckels. In die Öffnung der Perle gibst du etwas Klebstoff und steckst sie auf die Spitze des Bleistifts.

4 Bemale die Papierkreise mit kräftigen Farben. Sehr schön sehen Spiralen und Ringmuster aus. Schiebe die Papierscheiben über den Bleistift, und drehe den Kreisel. Dabei kannst du ein phantastisches Farbenspiel beobachten.

Würfelkreisel

1 Für den Würfelkreisel schneidest du die Ränder des Bierdeckels nach der sechseckigen Vorlage von Seite 49 zu.

2 Male sechs Farbfelder auf, und schreibe die entsprechenden Ziffern darauf. Dann steckst du einen Bleistift durch die Mitte des Sechsecks. Fertig ist der Würfelkreisel.

SPIELIDEE

Wenn du anstelle der Zahlen die Namen deiner Freunde auf den Kreisel schreibst, erhältst du einen Namenskreisel. Diesen Kreisel kannst du z. B. bei einem Pfänderspiel einsetzen. Der Name des Mitspielers, der unten zum Stehen kommt, ist als nächster an der Reihe, das Spiel fortzusetzen.

<u>Du brauchst:</u>
kleiner Bleistift
runder Bierdeckel
Holzperle, ca. 8 mm Ø
Schreibpapier
Farben
Schere
Klebstoff

Die Vorlage für den sechseckigen Würfelkreisel findest du auf Seite 49.

Periskop

Mit seinem selbstgebastelten Periskop lüftet der findige Detektiv das Geheimnis. Seine Freunde helfen ihm dabei.

Periskop

1 Öffne vorsichtig die Deckel an der oberen und der unteren Schachtelseite. Wenn auf der Unterseite eine zu kleine Deckellasche vorhanden ist, klebe noch ein passendes Kartonstück darüber.

2 Knicke die seitlichen Laschen, wie in *Grafik 1* dargestellt, um 45° ab, und klebe die Deckellaschen auf die abgeknickten Ecken. Ein Erwachsener kann dir beim Abmessen mit dem Geodreieck helfen. Wichtig ist, daß das Periskop unten und oben die gleiche Schräge erhält.

3 Die Spiegel befestigst du, wie in *Grafik 2* dargestellt, mit doppelseitigem Klebeband in den beiden Schrägen. Wenn du jetzt in den unteren Spiegel siehst, kannst du erkennen, was über dem Tisch oder hinter der Mauer passiert.

4 Nun kannst du dein Periskop entweder bemalen oder es mit Papierschnipseln und Ausschnitten aus Zeitschriften bekleben.

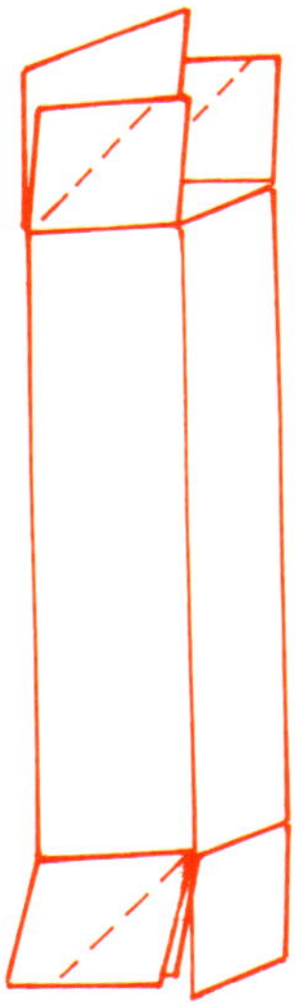

1 Ecken abknicken

2 Lasche an den Ecken befestigen; Spiegel oben und unten einkleben

<u>Du brauchst:</u>
Flaschenkarton, z. B. vom Weinhändler oder vom Supermarkt
doppelseitiges Klebeband
Klebestreifen
Klebstoff
Geodreieck
Schere
Bleistift
Farben
Zeitschriften

Zauberei

Hokuspokus! Aus einem Fingerabdruck und ein paar bunten Strichen entstehen zauberhafte Tiere oder Fabelwesen.

Du brauchst:
Malkasten
Papiertuch
1 Blatt Papier
Bunt- oder Filzstifte

1 Befeuchte die gewünschte Farbe mit einem Finger. Verwende dabei wenig Wasser, damit dein Abdruck nicht verwischt.

2 Drücke nun die Fingerspitze zuerst in die Farbe und dann auf das Blatt Papier. Für kleinere Formen tupfst du die Farbe nur mit der Fingerkuppe auf das Blatt Papier oder nimmst deinen kleinen Finger.

3 Nach dem Trocknen verwandelst du deinen Fingerabdruck mit einigen Strichen in eine lustige Figur.

SPIELIDEE

Verbinde die einzelnen Figuren zu einer Geschichte, indem du mit Filzstiften oder Wasserfarben einen passenden Hintergrund malst.

Lichterkarussell

Du brauchst:
schwarzes Tonpapier DIN A4
buntes Transparentpapier
Klebstoff
Teller
Bleistift
Schere
Garn
Nadel
Bügeleisen
Reißnagel

Wenn sich die bunte Scheibe über der Lampe dreht, schillert sie in den herrlichsten Farben.

1 Zeichne mit Hilfe eines Tellers einen Kreis auf das Tonpapier, und schneide ihn aus.

2 Falte den Kreis dreimal, und schneide den oberen Rand 5 cm tief ein. Dann schneidest du große Formen in die Seiten. Siehe dazu die *Grafiken 1* bis *3*.

3 Falte die Tonpapierscheibe auf, und bügle sie glatt. Dann klebst du, wie in *Grafik 4* dargestellt, kleine Stücke aus Transparentpapier auf die ausgeschnittenen Formen. Knicke die Einschnitte am Rand ab.

4 Befestige, wie in *Grafik 5* dargestellt, vier ca. 40 cm lange Fäden seitlich an dem Lichterkarussell. Ziehe diese Fäden mit der Nadel durch das Tonpapier, und knote sie oben zusammen. Die Scheibe muß waagrecht hängen. Zum Schluß wird das Lichterkarussell über der Lampe an die Decke gehängt.

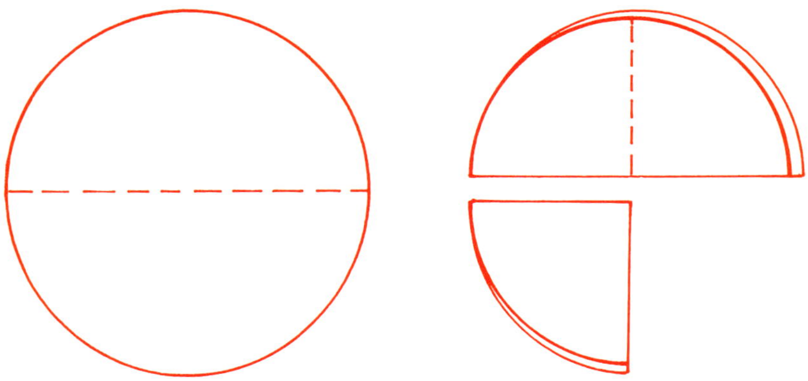

1 + 2 Kreis 3 x falten und einschneiden

2 Muster einschneiden

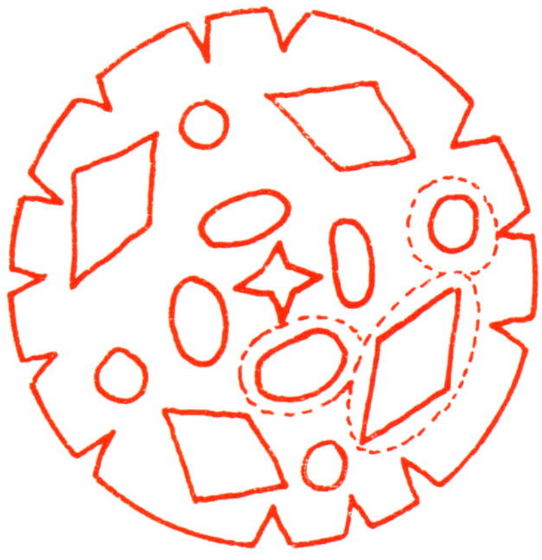

3 Transparentpapier aufkleben

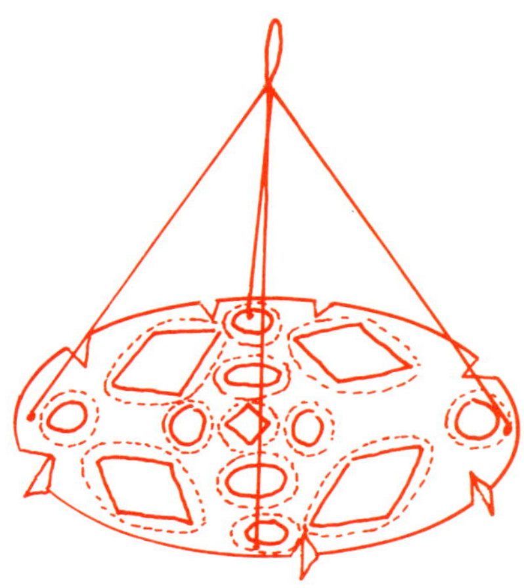

4 aufhängen

Festkalender

Tiermasken

Wer sich hinter einer dieser zauberhaften Tiermasken versteckt, wird bestimmt nicht so schnell erkannt.

Tiermasken

1 Für die Vogel-, die Tiger- und die Löwenmaske bemalst du die Rückseite eines Papptellers mit der gewünschten Farbe. Für den Pandabär kannst du den Teller weiß lassen.

2 Schneide den Pappteller bis zur Mitte ein, und klebe die Einschnitte etwa zwei Finger breit übereinander. Anschließend kannst du den Teller so lange mit einer Wäscheklammer zusammenhalten, bis der Klebstoff getrocknet ist.

3 Halte dir die Maske vors Gesicht, und laß dir die Augen- und Mundpartie anzeichnen. Nimm sie wieder ab, und schneide die Augenschlitze und den Mund zu. Hierbei kann dir vielleicht ein Erwachsener helfen.

4 Die Ohren fertigst du aus einem zweiten Pappteller und die Nase aus einem Stück Eierkarton an. Anschließend klebst du die Teile auf deine Maske.

5 Bemale die Maske mit großen Augen und den typischen Tiermustern. Dem Löwen klebst du eine Mähne aus Papier, dem Vogel einen Schnabel und bunte Federn an. Die Barthaare bestehen aus Bast oder einem eingeschnittenen Stück eines Papptellers.

6 Passe die Länge des Hutgummis deinem Kopfumfang an. Dann stichst du zwei Löcher seitlich in den Maskenrand. Fädle den Hutgummi durch, und knote ihn fest. Du kannst die Maske auch auf dem Hinterkopf oder als Hut tragen und dein Gesicht entsprechend schminken.

<u>Du brauchst:</u>
Pappteller
Eierkarton
Papier- und Bastreste
Federn
Malkasten
Schere
Bleistift
Klebstoff
Wäscheklammer
Hutgummi

Osternester

In diese hübschen Osternester legt der Hase bestimmt sehr viele köstliche Überraschungen hinein.

<u>Du brauchst:</u>
Pappteller oder Fotokarton
Butterbrotpapier
Tonpapier
Bleistift
Lineal
Klebstoff
Schere
Farben
Bast oder Schnur
Stopfnadel

Die Vorlagen findest du auf den Seiten 64 und 65.

1 Übertrage die Vorlage für das Osternest von Seite 64 auf Butterbrotpapier. Klebe sie auf Tonpapier, und schneide eine Schablone aus.

2 Lege die Schablone auf den Fotokarton oder einen Pappteller, und zeichne die Umrisse nach. Dann schneidest du sie aus.

3 Bevor du die vier Seitenwände so nach oben knickst, daß eine quadratische Stellfläche entsteht, kannst du den Pappteller mit Wasserfarben bemalen.

4 Fädle den Bast in die Nadel, und stich mit der Nadel an den markierten Stellen durch die Seitenwände. Knote das Körbchen an jeder Ecke mit einer Schleife zusammen.

5 Nun überträgst du die Vorlagen für die Figuren von Seite 65 auf Butterbrotpapier und klebst sie auf Tonpapier. Dann schneidest du sie aus und befestigst sie mit Klebstoff am Rand des Osternests.

6 Sehr schön sieht das Körbchen aus, wenn du einen Henkel aus Tonpapierstreifen anklebst.

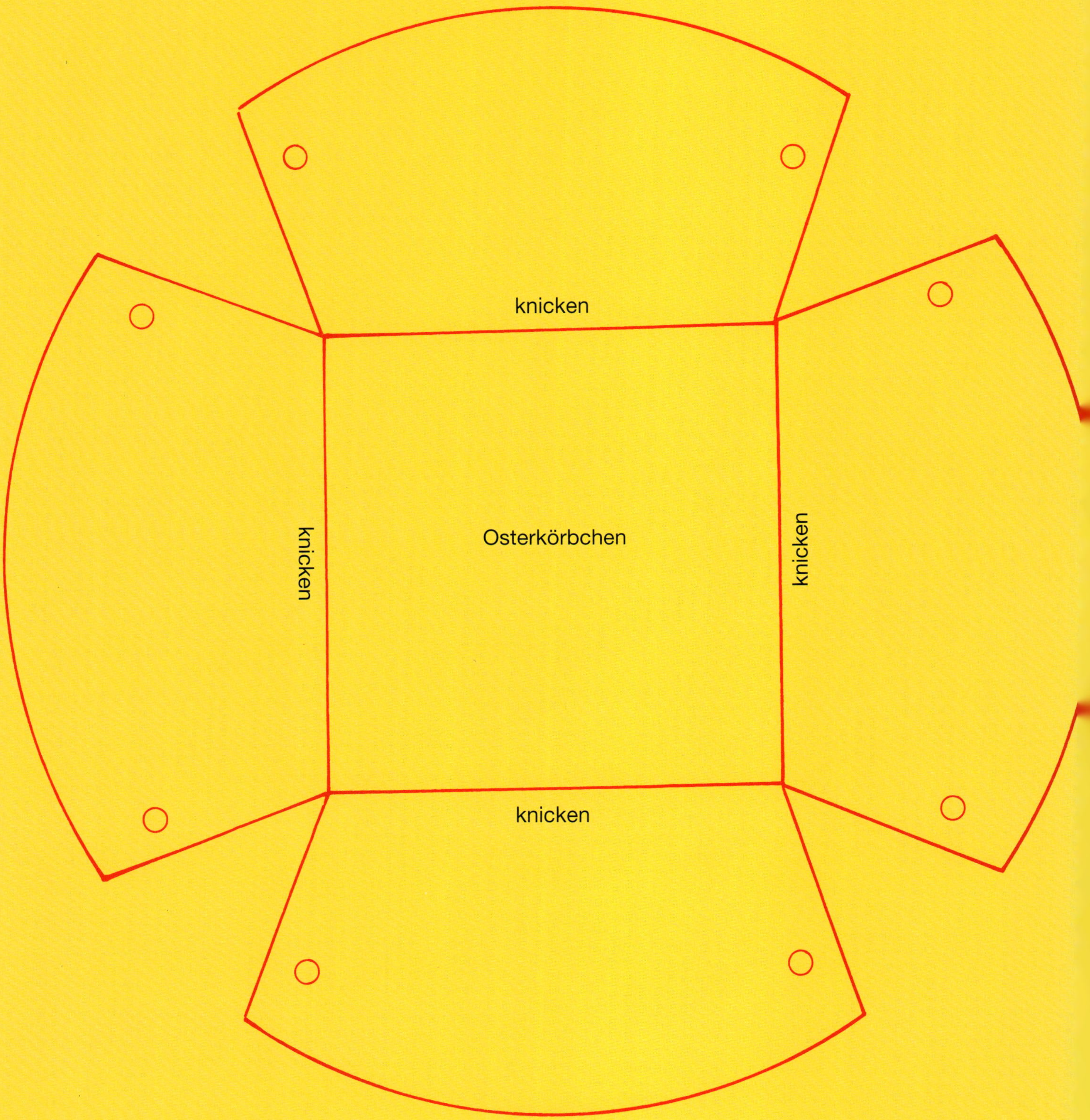
knicken
knicken
Osterkörbchen
knicken
knicken

Eier

Einladung für Nina
Einladung
Einladung zum Herbstfest

Herbstbilder

Aus Blättern und Gräsern entstehen hübsche Einladungskarten. Von weitem sieht der Blättervogel einem echten Vogel sehr ähnlich.

<u>Du brauchst:</u>
Karten:
Bögen Transparentpapier, DIN A4
gepreßte Blätter, Gräser und Blüten
Klebstoff
Lineal
Stifte

Vogel:
2 Kastanien oder 2 Kiefernzapfen
Gräser
Blätter
Federn
Nagelbohrer
evtl. Klebstoff
Zahnstocher

Karten

1 Für zwei Klappkarten faltest du einen Bogen Transparentpapier in der Mitte einmal längs und einmal quer. An die Faltkante legst du ein Lineal an und reißt eine Karte ab. Transparentpapier läßt sich ganz leicht reißen.

2 Verteile die gepreßten Blüten und Blätter auf der Kartenvorderseite. Wenn dir die Anordnung gefällt, nimmst du ein Motiv in die Hand und gibst etwas Klebstoff auf die Papierstelle. Dann drückst du das Blatt oder die Blüte mit der Unterseite auf die Klebestelle. Zusätzlich kannst du die Karte bemalen oder beschriften.

Blättervogel

1 Ein Vogel aus Blättern und Kiefernzapfen läßt sich einfach herstellen. Als Verbindungsteile verwendest du kleine Aststücke. Für die Flügel oder den Schwanz nimmst du Gräser, bunte Blätter oder Federn, die du in den Kiefernzapfen steckst. Bei einem Herbstspaziergang findest du bestimmt geeignete Objekte dafür.

2 Die Steckverbindungen bei den Kastanien mußt du vorbohren. Kopf und Körper verbindest du mit einem Zahnstocher. Die Flügel und der Schwanz werden in die vorgebohrten Löcher gesteckt: Fertig ist der kleine Vogel!

SPIELIDEE

Mit dem kleinen Vogel kann man gut Verstecken spielen: Plaziere deinen Vogel so, daß er von den Mitspielern nicht sofort gesehen wird. Mache dir dabei die herbstliche Verfärbung der Bäume zunutze, und hänge ihn an einen Strauch oder einen Ast.
Auf dein Kommando beginnt die Suche. Mit kleinen Hinweisen, wie „heiß“, wenn deine Freunde in die Nähe des Vogels kommen oder „kalt“, wenn sie sich von ihm entfernen, kannst du ihnen beim Suchen helfen.
Spannung kommt ins Spiel, wenn du die Zeit stoppst. Derjenige, der den Vogel zuerst gefunden hat, darf ihn erneut verstecken.

Laternen

Diese bezaubernden Laternen sorgen im Schnee oder im Hauseingang für stimmungsvolles Licht.

Laterne mit Transparentpapier

1 Reiße oder schneide beliebige Muster oder Formen aus buntem Transparentpapier aus.

2 Bestreiche sie mit Tapetenkleister, und klebe sie außen auf das Glas. Streiche das Papier sofort glatt. Mit einem Papiertaschentuch tupfst du die Reste des Kleisters ab.

Laterne mit Glasmalfarbe

Überlege dir einige Muster und Farbzusammenstellungen, bevor du das Glas bemalst. Für einen Stern setzt du drei Striche über Kreuz und verstärkst diese zu Zacken.

Halterung

1 Die Laterne kannst du an Drahtschlaufen aufhängen. Für die Länge des benötigten Drahts mißt du den Umfang deines Glases aus. Bei Einmachgläsern rechnest du 40 cm und bei kleineren Gläsern 25 cm zum Umfang hinzu. Für den Henkel benötigst du weitere 40 cm Draht.

2 Verdrehe das Drahtstück zu einem Ring, der locker über das Glas paßt. Dann drehst du zwei oder drei Drahtschlaufen seitlich in den Ring. Siehe dazu die *Grafik*. Der Drahtring muß straff unter dem Glasrand sitzen. In diese Schlaufen hängst du den Henkel.

<u>Du brauchst:</u>
Gläser mit breitem Rand und großer Öffnung
Papiertaschentuch
Pinsel
Glasmalfarben oder farbiges Transparentpapier
Tapetenkleister
Wickeldraht
Zange
Schere
Teelichter

Weihnachtssterne

Ein Blickfang an jedem Fenster sind die bunten Metallsterne. Durch die Muster funkelt der Lichtschein.

__Du brauchst:__
leere Teelicht-schälchen
Bleistift
Schere
Pinnwandnadeln
Pappunterlage
Faden zum Aufhängen

1 Zeichne die Sternzacken außen an das leere Teelichtschälchen an.

2 Schneide die Zacken aus, und biege sie auseinander. Vorsicht: An den ausgeschnittenen Metall-spitzen kann man sich sehr leicht verletzen!

3 Lege den Stern auf eine Papp-unterlage, und stich mit einer Pinnwandnadel verschiedene Muster durch das Metall.

4 Für den Faden zum Aufhängen deines Sterns stichst du ein Loch in eine Sternspitze. Fädle einen Faden durch, und verknote ihn.

5 Wenn du mit einem dünnen Draht mehrere Sterne auffädelst, entsteht eine Girlande. Mit einem oder zwei Sternen kannst du auch eine Karte verzieren.

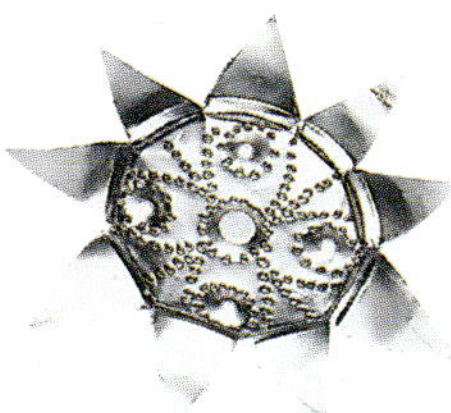

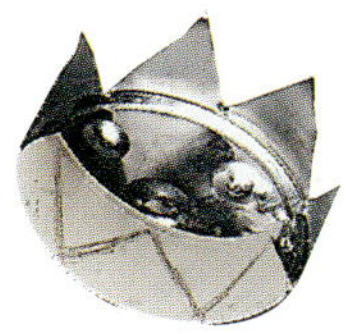

Die Deutsche Bibliothek – CIP-Einheitsaufnahme

Pfeiffer, Christina:
Eins – zwei – drei, schnelle Bastelei : Ideen
und Spieltips / Christina Pfeiffer. - Augsburg :
Augustus-Verl., 1998
ISBN 3-8043-0440-0

Fotos:
Pavel Fekete: S. 1, 4-11, 13 o., 14–15, 17, 22–25,
27 o., 28–29, 36–71
Christina Pfeiffer: S. 12, 13 u., 16, 20–21, 26–27 u.,
30–35
Einbandgestaltung: Christa Manner, München
Foto Einband: Klaus Lipa, Augsburg
Vorlagen: Andreas Schiebel

Augustus Verlag Augsburg 1998

Idee, Konzeption, Produktion: topic Verlag GmbH,
Redaktions- und Herstellungsservice für
Buch- und Presseverlage, Karlsfeld bei München
Schrift: gesetzt in der Helvetica, 11 Punkt
in Quark-X-Press
Druck: Appl, Wemding

Gedruckt auf 135 g chlorfrei
gebleichtem Papier
Printed in Germany
ISBN 3-8043-0440-0